NAPOLÉON

AUX

CHAMPS-ÉLYSÉES.

OUVRAGES NOUVEAUX,

Qui se trouvent chez le même Libraire.

Maximes et Pensées du Prisonnier de Ste-Hélène, manuscrit trouvé dans les papiers de Las-Casas; traduit de l'anglais. In-8º. Prix, broché, 2 fr. 50 c., et 3 fr. franc de port.

Correspondance de Bernadotte, prince royal de Suède, *avec Napoléon*, depuis 1810 jusqu'en 1814; précédée de *Notices* sur la situation de la Suède depuis son élévation au trône des Scandinaves; *Pièces officielles*, recueillies et publiées par M. *Bail.* In-8º. Prix, broché, 2 fr. 50 c., et 3 fr. franc de port.

La Charte constitutionnelle en 1821. In-8º. Prix, broché, 1 fr. 50 c., et 1 fr. 75 c. franc de port.

Nota. *La Censure* a défendu expressément aux journaux d'annoncer cette brochure, qui présente les violations patentes de la Charte, d'apres des Lois, Actes et Ordonnances, etc., etc.

Histoire des six derniers mois de la vie de Joachim Murat, publiée à Naples par le général *Colletta*, et traduite de l'Italien, par *L. Gallois.* Un vol. in-12. Prix, broché, 2 fr. 50 c., et 3 fr. franc de port.

De l'Esprit de la Jeunesse française, par *P. G. Bonnoin*, étudiant en droit. In-12. Prix, broché, 1 f. 80 c., et 2 fr. 25 c. franc de port.

Nota. *La Censure* a également défendu aux journaux d'annoncer ces deux ouvrages qui sont très-intéressans.

NAPOLÉON

AUX

CHAMPS-ÉLYSÉES.

Nouveau Dialogue des Morts;

PAR UN VIEUX SOLDAT.

Le vent est sans respect, il renverse à la fois
Les bateaux des pêcheurs et la barque des rois,

PARIS,

L'HUILLIER, LIBRAIRE,

RUE SAINT-ANDRÉ-DES-ARTS, N°. 18.

—

1821.

PERSONNAGES.

NAPOLÉON.

HENRI IV.

LOUIS XIV.

DESAIX.

ALEXANDRE.

CÉSAR.

POMPÉE.

AUGUSTE.

CHARLEMAGNE.

CHARLES XII.

Le Czar PIERRE Ier.

FRÉDÉRIC.

MONTEBELLO.

AUGEREAU.

BERTHIER.

JOSÉPHINE.

DUROC.

BESSIÈRES.

NEY.

LABÉDOYÈRE.

MURAT.

Mme DE STAËL.

CHARLES-QUINT.

LOUIS XI.

RICHELIEU.

Le Duc D'ENGHIEN.

MOREAU.

FOUCHÉ.

PICHEGRU.

PITT.

FOX.

JEANNE-D'ARC.

Les Deux BRUTUS.

VOLTAIRE.

FONTANES.

Le Duc DE BERRY.

NAPOLÉON

AUX

CHAMPS-ÉLYSÉES.

Au centre de l'Univers, entre la brûlante Afrique et les déserts du Nouveau - Monde, est un rocher calciné, dévoré des feux du soleil et des vagues de l'océan. La douce haleine des vents ne rafraîchit jamais le sol embrasé de cette ancienne Torride : le squelette décharné de l'île *Sainte-Hélène* s'élève tristement sur la vaste étendue des flots, comme le cadavre d'un géant écrasé dans la lutte du ciel et de la terre. La fable aurait placé, dans ce lieu sinistre, la prison où Saturne enferma la race des Titans vaincus. L'être qui respire sous ce climat respire la mort, et si quelquefois il s'égare dans la profondeur des vallées, il se croit à la porte des enfers.

Là domine l'orgueilleuse Angleterre : là fut un prisonnier, l'admiration et l'effroi de l'Europe, l'ancien maître des rois, l'homme du siècle : il la crut généreuse, il vint s'asseoir à ses foyers ; mais elle l'enchaîna sur ce roc sauvage.

Des amis véritables l'avaient suivi dans cet asyle funeste. Les rois ont-ils des amis ?....... Il en comptait quatre : hélas ! c'est tout ce qui lui restait de l'empire du monde. D'affreux revers n'avaient pas altéré son caractère, il ne se livrait point au désespoir, et mettait de la modération dans ses plaintes.

Non loin de sa prison était un ruisseau limpide et solitaire ; un saule ombrageait ce désert comme un rustique ornement sorti des mains de la nature. A travers mille sentiers escarpés il venait méditer en ce lieu, et jusque dans les fers braver encore Albion.

Ses compagnons versaient des pleurs sur sa destinée ; Napoléon parlait de ses actions comme de celles d'un autre ; dans ses discours était l'éloquence des héros ; dans son maintien, le calme imposant du malheur. Étranger aux humains, libre des soins de la royauté, il donnait un grand spectacle au monde ; car il s'étudiait lui-même, et foulait aux pieds les passions de son siècle.

« *Si je meurs sur ce rocher*, disait-il souvent, *enterrez-moi au pied de ce saule* » : et les antres profonds répétaient ce vœu funèbre : « ENTERREZ - MOI AU PIED DE CE SAULE !!!............ Un vent sourd mugit sur la cime escarpée ; l'heure a sonné ; le géant des victoires, le roi des rois va rouler dans le gouffre du tombeau : tel un chêne robuste, déraciné par la tempête, descend jusqu'au fond des noirs abîmes.

Les horreurs d'une longue captivité, des geoliers inhumains, **des chagrins dévorans**, un ciel meurtrier, hâtent lentement son tré-pas : six années de tortures paraissent trop courtes à ses oppresseurs ; mais ce qui est écrit est écrit.

Déjà le soleil avait parcouru les deux tiers de sa course, l'étoile du nord s'élevait au-dessus des flots ; le grand homme expirait, Napoléon rendait le dernier soupir en balbutiant ces mots : « *Dieu ! protége la France !* » ..... — On n'entendait plus les foudres de la guerre ; un calme effrayant, un silence farouche, enfans de la terreur, succédant à des jours orageux, glaçaient les cœurs d'effroi...... L'océan s'arrête et frémit ; des signes se font voir au ciel ; le monde est vide, la race humaine appauvrie.

Ah ! pourquoi est-il enseveli dans une terre étrangère ? combien de fois n'a-t-il point visité ce site, ce tombeau après lequel il eût aspiré, sans le désir de revoir son fils !....... Entendez-vous ce cri à travers le bruit de l'onde écumante ?... Napoléon se meurt !.... Napoléon est mort !........ Les amis penchés sur le monument disent le dernier adieu à sa dépouille mortelle. L'orgueil n'a point érigé de colonnes, ni gravé d'inscriptions : une pierre, une seule pierre annonce au voyageur qu'il foule aux pieds une cendre auguste....... Les hommes gémissent, les femmes répandent des pleurs, et les enfans étonnés poussent des cris lugubres.

Muse, redis-nous ces noms chers à l'amitié ! consacre dans la postérité ces fidèles dévoués au héros qu'opprimèrent les destins ! Bertrand, Montholon, Gourgaud, Las-Casas, vous vivrez dans la mémoire, illustrés par la foi qu'on doit aux Souverains.

Cependant ces généreux mortels parlaient sans suite au milieu des sanglots, et déjà l'ombre majestueuse de Napoléon, portée par les élémens, s'élevait au ciel ; les météores l'environnaient dans l'espace, elle apparaissait comme un fantôme éclatant au milieu des Champs-Élysées.

Dans ce séjour brille l'immortelle clarté ; la haine, l'envie, les passions n'y troublent point les cœurs ; une volupté douce et tranquille enivre de plaisirs sans regrets : on jouit toujours et l'on desire sans cesse. On y voit les héros, les grands rois, les sages, les hommes vertueux de tous les rangs, et ces soldats, prodigues de leur vie un jour de bataille, ignorés pour jamais après la victoire. Dans cet empire sacré, le temps n'a plus d'ailes, et les Rois de flatteurs.

Là se trouve tout-à-coup transporté le martyr de Sainte-Hélène ; l'étincelle divine brille sur son front ; ses yeux semblent lancer ce feu créateur dont Prométhée anima le genre-humain : à son regard, on dirait qu'il règne encore chez les morts.

En ce moment une ombre vénérable s'approche , le serre contre son cœur , et lui dit :

« Je suis ce Roi fameux, cet Henri que la France méconnut de son vivant, qu'elle révère aujourd'hui, et dont un fanatique trancha la vie. Comme toi , je fus soldat en naissant , je sus vaincre , régner et pardonner. Voici ce Louis , qui jadis combattit vaillamment, fit respecter la France et les lois, éleva son peuple au premier rang des nations , et légua le grand siècle à l'histoire ; ce Louis, enfin, qui te plaint, qui t'admire et qui t'aime. »

. Napoléon, à l'aspect de ces deux ombres, s'inclina profondément. — « J'ai honoré tout ce que vous aviez fait, répondit-il, je le devais à ma gloire et à la vôtre ; les contemporains n'ont pas toujours été justes ; mais j'ai laissé à la postérité de quoi prononcer entre eux et moi :

la gloire des armes, les institutions, la France régénérée , plaideront ma cause.

« D'ailleurs tout est incertain ; la Fortune donne des succès différens aux mêmes entreprises, afin de se moquer de la raison humaine : il n'y a pas de règles assurées en politique , tout dépend du hasard. Croyez-vous à la fatalité , leur dit-il brusquement ? — Beaucoup, reprit Henri IV ; et la preuve, c'est que j'ai pressenti ma mort à jour et heure fixes. — Et moi, dit Louis XIV, j'y ai cru jusqu'au moment où je suis devenu dévôt. — Cela étant, dit Napoléon, ne vous étonnez point de ma chute : elle était marquée comme mon élévation et ma gloire. »

Pendant ce dialogue une foule innombrable se rassemblait autour de lui ; c'étaient les ombres des guerriers français, arrivés avant le temps sur ces bords ; elles paraissaient saisies de surprise et de compassion, restaient immobiles et semblaient prêtes encore à tirer l'épée pour le défendre. Une de ces ombres étant parvenue avec beaucoup de peine jusqu'à lui, se précipita dans ses bras : — Est-ce bien vous , s'écriait-elle ? Qu'avez - vous fait

depuis que je vous ai quitté aux champs de Marengo ? Comment va le monde ? N'est-il pas bien changé ? Pourquoi déjà au séjour des morts ? Qu'est devenue la France, notre chère France ? Elle a dû prospérer sous un si grand homme que vous? — Napoléon ne pouvait satisfaire à toutes ces questions à la fois; il regarda l'ombre de plus près, reconnut Desaix, donna une larme aux souvenirs, et dit :
—« Mon ami, j'ai trop vécu. La balle qui vous envoya ici fut le signal de mes prospérités ; j'ai obtenu l'empire ; j'ai commandé aux nations et conquis l'Europe ; je me suis allié à la maison de Lorraine ; j'ai eu un fils ; ma dynastie s'est élevée au-dessus des autres : mais tout cela n'a servi de rien , mon trône s'est écroulé par les causes qui auraient dû l'affermir....... Mon ami, j'étais devenu bien pauvre en hommes de votre trempe; il n'y avait plus là-bas de ces âmes vigoureuses et roides, comme on en voyait de votre temps; la nature semblait épuisée. » Alors il regarda l'ombre fixement et l'embrassant avec effusion , il ajouta : — « C'est heureux que vous ayez quitté le monde sitôt ! Il n'y a rien de si

ennuyeux ; et après tout , un peu plus tôt , un peu plus tard, vous seriez toujours mort à mon service. »

Comme il disait ces mots, il se trouva proche d'un groupe d'ombres, qui parlaient ensemble, d'une manière fort animée ; c'étaient Alexandre, César, Pompée, Auguste, Charlemagne , le fameux Charles XII , le czar Pierre et Frédéric. Ils disputaient sur la préférence qui leur était due : César disait qu'il avait sauvé Rome de l'anarchie; Pompée, qu'il en eût bien fait autant s'il avait pu vaincre à Pharsale ; Auguste , qu'il avait réellement fondé l'empire ; Constantin s'emportait, j'ai fait mieux que tout cela , s'écriait-il, vous avez fondé l'empire, et moi je l'ai relevé ; j'ai chassé les barbares, j'ai rétabli l'ordre troublé par vos imbéciles successeurs, j'ai........ — Et moi , reprenait Charlemagne, j'en ai bien d'autres à raconter ; n'ai-je pas imposé des lois dans l'Occident, protégé les sciences et les arts, vaincu au nord et au midi ? — Bah ! bah ! disait Charles XII , vous n'avez pas soutenu un siége , tout seul, contre une armée de Turcs? vous n'avez pas........ — Et moi, criait le Czar, j'ai civilisé les Moscovites, fondé Pétersbourg, et battu mon frère, qui vous parle..... — Et moi, reprenait Frédéric, n'ai-je pas été roi, conquérant, philosophe, poëte ?..... — Alors César les arrêta court, en leur montrant Napoléon, et l'ayant considéré avec une grande curiosité, ils s'écrièrent spontanément : — « *Celui-ci en a fait plus que nous tous ensemble !* »

Parmi les ombres légères qui voltigeaient autour de lui, le héros aperçut *Montebello* qui venait à sa rencontre ; et tandis que sa vue errait sur l'empire des immortels, le fantôme lui parla en ces termes : —« Je te salue, grand roi! on disait que tu allais sortir de ta prison ; d'où vient que tu es en ces lieux ? J'espère que tu auras disposé toi-même de ta vie, et qu'une main téméraire n'aura point osé...... — Toujours le même, maréchal ! J'en ai si peu disposé, que je serais resté sur la terre, si j'avais pu. — Je te l'ai dit souvent, la guerre devait te perdre : des misérables avaient fini par te persuader que tu étais un dieu ; moi seul je t'ai dit la vérité, l'austère vérité ; tu m'éloignais dans les momens de calme, et un jour de bataille, tu me retrouvais à tes côtés.—J'avoue mes fautes, mais est-ce à toi à me les reprocher? Sans la guerre tu n'aurais été qu'un citoyen obscur...... il est vrai que tu vivrais encore. — Morbleu! à ta place je ne serais pas mort dans mon lit, j'aurais imité Caton, plutôt que de me livrer aux ennemis.—Doucement, Montebello, doucement : je suis mort dans mon lit et je me crois plus stoïcien que Caton. — Comment cela?—Oui; Caton traita la mort comme une affaire sérieuse, et moi je jouai avec elle. — Il est vrai que notre vie a été remplie de travaux et de périls; mais il faut avouer que tu étais insatiable! — Moi, point du tout, j'étais fort modéré.—Modéré! — Certainement; je pouvais anéantir toutes les dynasties, l'Europe était à mes pieds; j'ai laissé régner les plus puissans, et c'est en quoi j'ai manqué de jugement. — Oui, sublime! mais gâté par les succès. — Tu m'offenses! —Parler avec franchise est-ce t'offenser? Si la rudesse d'un soldat te choque retourne sur la terre chercher tes flatteurs. — A quoi me sert ma gloire si Montebello lui-même ne m'épargne pas?... tu disais que tu m'aimais!

—Oui, j'aime ta personne sans aimer tes dé-
fauts. — Si tu m'aimes plains-moi.

Ils furent interrompus par les gémissemens
d'une ombre qui semblait ne pouvoir se con-
soler; Napoléon s'efforçait de la reconnaître,
mais elle était tout à fait défigurée.—Quel est
donc votre malheur, lui dit-il, qui étiez-vous
sur la terre?—Ne vous souvient-il plus d'Augereau? les dieux sont lents à faire justice, mais
enfin ils la font; je suis tourmenté par l'in-
flexible remords. Voyez-vous, là-bas, cette
malheureuse âme en peine? elle maudit sa
faiblesse, et semble toute honteuse à votre
aspect; c'est Berthier. — Il est vrai que mon
Grand-Veneur a bien quelques peccadilles
à se reprocher, dit Napoléon en secouant
la tête. — Desaix appela, dans ce moment,
son attention sur un front moins soucieux;
il vit une femme d'une beauté ravissante, elle
paraissait joindre à des grâces divines, un
fond de mélancolie semblable aux impressions
funestes que laisse un songe affreux : c'était
Joséphine. Les deux époux se reconnurent
aussitôt et volèrent dans les bras l'un de l'autre.
—Ici, s'écria-t-elle, se trouve le vrai bonheur :

que je vous félicite d'être délivré des maux qui accompagnent la royauté!... Je vous ai vu armé d'un grand courage dans l'adversité; vous laissez un nom immortel, et je sais que cela vous suffit. Qu'est devenu mon fils? — Votre fils, reprit Napoléon, s'est fait Bavarois, vit en épicurien, chérit l'heureuse simplicité qui fait la sûreté de la vie, ĕt se rouille comme les armes de luxe dont on ne se sert plus.

Pendant qu'il parlait ainsi, Ney embrassait ses genoux; Duroc lui rappelait leurs derniers adieux; Bessières, son attachement; et Labédoyère, sa fin prématurée... Napoléon disait au milieu de leurs sanglots: «—Mes amis! la vie qu'on traîne misérablement sur la terre n'est qu'une mort anticipée. »

Instruit par ton exemple au grand art de vaincre, reprit Ney, tu sais si j'ai blanchi dans la guerre! quelquefois malheureux, mais toujours redouté, j'ai blâmé ta conduite et soutenu ta couronne; j'aimais toujours la France en combattant pour toi.... O plaines de Waterloo!... pardonnez les pleurs que ce souvenir m'arrache. —Maréchal, touchez-là; c'est dans l'esprit qu'on voit le vrai courage : vous fûtes vaillant, mais faible, et moins général que soldat, vous n'aviez de résolution qu'un jour de combat.

Napoléon reçut en ce moment les condoléances de Murat, qui venait d'apprendre son arrivée.—On m'a envoyé ici contre le droit de la nature et des gens, disait ce malheureux roi; mais vous et moi nous serons vengés. — Mon cher beau-frère, répliqua l'empereur, vous avez fait de grandes sottises pendant votre vie; je vous passais cela parce que vous étiez brave, mais j'ai eu tort de mettre un houzard sur le trône; j'aurais mieux fait de choisir votre femme. Je me suis repenti souvent...

Napoléon aperçut dans le moment un visage couperosé, qui l'examinait avec curiosité. — Ah! ah! dit-il à ceux qui l'entouraient, voici une Baronne qui a passé sa vie à courir l'Europe et à dire du mal de moi. — Hélas, reprit l'ombre, je ne parlais que par envie; je savais bien au fond à quoi m'en tenir. — J'entends; vos philippiques n'étaient que des romans pour parvenir à la célébrité. — Toutes les ombres se mirent à rire; l'auteur de Corinne rit aussi, mais d'assez mauvaise grâce.

L'Empereur s'avançait dans les champs-Elysées suivi d'un cortége immense ; il voyait de tous côtés des bocages délicieux; des gazons toujours verts et fleuris. Les ruisseaux de cristal arrosant ces beaux lieux, les chants harmonieux des oiseaux, la suavité de l'air, remplissaient le cœur d'une douce plénitude, d'une félicité inconnue sur la terre. Napoléon apercevait les ombres plus nombreuses que les grains de sable qui couvrent la mer, s'agiter comme les flots pour le considérer ; on lui montra Charles-quint qui le lorgnait avec beaucoup d'attention; il s'arrêta, et lui dit : — Mon frère, vous avez fait beaucoup d'injustices et de tromperies de votre temps ! je ne m'attendais guère à vous trouver ici ; quant à moi, mon tort a été de croire à la loyauté, sans quoi je ne serais pas venu vous joindre sitôt. Louis XI, ayant entendu cela, s'écria : —Tu savais donc bien mal l'art de régner ? — j'étais fort, je méprisais la ruse et la finesse. — Belle philosophie ! tu l'auras sans doute apprise dans cette longue prison où l'on dit que tu as langui avant de mourir ?—Cette prison a été l'époque la plus héroïque de ma vie ; il ne m'appartenait pas de copier les autres, car j'ai été l'homme le plus original qui ait jamais paru. — Excepté moi, reprit assez vivement Richelieu : j'ai ébranlé cette maison d'Autriche que tu as abattue, et j'ai changé la face de la politique; j'avoue que je ne peux me comparer à toi, mais sans vanité, j'ai vaincu d'aussi grands obstacles. — A merveille, Cardinal ! répondit Napoléon, il faudrait des ministres comme vous à tous les rois inappliqués et fainéants.

Apercevant alors l'ombre du duc d'Enghien, il fit quelques pas au devant d'elle, comme pour la prévenir ; celle-ci resta immobile et dit : — Tu m'as sacrifié à la politique, je te le pardonne. — L'action était mauvaise, et je m'en suis mal trouvé; c'est une preuve que les coups d'état sont de fâcheux expédiens; quant à moi j'ai éprouvé d'étranges malheurs ! on ne m'a point fusillé, mais on m'a fait mourir à coups d'épingle; c'est une réparation celle là!.... — Ayant aperçu à l'écart les ombres de Moreau et de Pichegru, qui l'observaient d'un œil scrutateur, il courut à elles et leur dit : — Sans rancune, mes amis!.. pourquoi cet air soucieux ? à ma place vous auriez peut-être fait plus mal. Quant à vous, conquérant de la Hollande, on a prétendu que je vous avais fait étrangler..... vous savez ce qu'il en est, je vous le mets sur la conscience. — Les deux ombres se reprochèrent l'une à l'autre leur aveuglement. — Malheureux ! disait Moreau à Pichegru, c'est vous qui m'avez perdu. — Allons, allons, reprenait celui-ci, convenez que le rôle que vous aviez choisi ne vous allait pas.

Comme Napoléon continuait son chemin, il se trouva nez à nez avec Pitt et Fox. — Oh oh ! voici une plaisante rencontre, dit la première de ces deux ombres. — Rassurez-vous, M. Pitt, je suis fort aise de voir un mort qui m'a donné tant de peine sur la terre. Au fait, que vouliez-vous de moi ? Un traité de commerce ? — Et même quelque chose de plus, répondit le ministre. — Voilà donc pourquoi vous avez bouleversé le monde et payé tant de conspirations ? — Ce n'est pas moi, c'est vous qui.... — Allons donc ! vous m'attaquiez, je me défendais, nous faisions bonne guerre. convenez que vous aviez diablement peur, et que vous avez fait de bien lourdes fautes ?—Ce n'est pourtant qu'avec mon système qu'on vous a détrôné. — Point du tout ; ce n'est pas votre système, c'est l'hyver ; je ne pouvais pas empêcher qu'il ne fît 20 degrés de froid. Vous avez eu grand tort de mourir si vîte, M. Pitt, vous auriez recueilli de la gloire à bon marché. — Oui, mais je n'aurais pas relevé nos *Banks-Notes*. Fox ajouta : voilà ce que c'est, mon cher compatriote, au fond vous n'étiez qu'un fou, et sans cette maudite hydropisie j'aurais fait la paix. — Et moi, s'écria Napoléon, sans cette maudite hydropisie je n'aurais pas été forcé de conquérir l'Europe, je n'aurais pas été me perdre en Russie, et je ne serais pas devenu prisonnier à Sainte-Hélène ; mais de cette île, mon nom faisait toujours trembler vos diplomates. — Qu'est-ce qu'un nom ? — Demandez à cette héroïne (c'était Jeanne d'Arc), elle était entre vos mains : vous ne vous êtes cru en sûreté qu'après l'avoir fait brûler inhumainement. — Et long-temps après, reprit la fière amazone, mon nom poursuivait encore mes lâches assassins !

L'empereur aperçut en ce moment les deux

Brutus, il fit un pas en arrière. — Ne craignez rien, lui dirent ces vieux romains, les ombres ne font point de mal. — Il demanda des nouvelles de Fouché: on lui dit qu'il expiait ses perfidies dans le Tartare, le front ceint de bandelettes ensanglantées, vêtu de lambeaux couleur de feu, et portant dans ses mains décharnées des vipères et des torches ardentes. —O la vilaine ombre! Je crains qu'elle n'empeste les enfers.

Après avoir salué Corneille , Molière et Racine, Napoléon embrassa tendrement Bossuet et l'aimable auteur du Télémaque ; il s'entretint long-temps avec Voltaire, qui ne pouvait se rassasier de le voir. — Vous voilà sorti de ce chemin semé d'épines, disait l'auteur de la Henriade ! mais vous l'avez couvert de lauriers. Vous savez quelle peine j'avais prise pour régénérer les Welches? Vous avez réalisé toutes mes rêveries sur la félicité publique ; il fallait que vous fussiez prédestiné ! Au reste, j'ai bien vu par votre chute que le nombre des êtres pensans est toujours infiniment rare. J'éprouve encore quelques ressentimens de fièvre, quand je songe à ce qui se passait sur la terre, il y a 60 ans. — De votre temps, les Français n'étaient que de grands enfans, la révolution les avait retrempés; mais la fatalité.......... — Ah ! oui, la fatalité, reprit le philosophe de Ferney, je m'en suis moqué ; cependant j'y croyais sérieusement...O le plus extraordinaire de tous les hommes ! Vous qui avez gagné tant de batailles, conquis les états et renversé les trônes, dont le bras terrible, enfin, a fait trembler la terre, sachez que j'avais pressenti ce temps de gloire. A dire vrai, je ne prévoyais pas que la fortune arrangerait les choses d'une manière si bizarre....... Vos mémoires seront bien curieux ! — Les contemporains n'en auront pas connaissance.

— L'histoire et la poésie éterniseront vos exploits.—J'y compte; mais mon nom est mal sonnant pour beaucoup d'oreilles, et les plus longues ne sont pas les moins susceptibles.— Apercevant en ce moment Fontanes: — Tenez, dit-il, voici mon panégyriste, demandez-lui comment il s'en acquittait? — Comme Virgile lorsqu'il louait Auguste, reprit le poëte avec assurance. — Il en faudra rabattre, marmottait Voltaire, entre ses dents. — J'ai su préparer la louange aussi finement qu'il est possible : rien n'exige plus de délicatesse; et certes, je puis me regarder, après Boileau, comme le chef de l'école. — Allons, messieurs, dit Napoléon, vous conviendrez du moins que je méritais ces éloges, puisque je suis ici? Ce qui me fâche c'est de n'avoir pas un tombeau sur une terre que j'ai couverte de monumens.—Ah! il n'est que trop vrai, s'écria Voltaire :

» César n'a point d'asile où sa cendre repose :
» Et l'ami Pompignan pense être quelque chose!

Amour de la patrie ! en ces lieux tout ressent ton empire; les cœurs magnanimes se devinent; les plus fiers rivaux, les plus terribles adversaires se pardonnent, abjurent leurs fureurs ; et la discorde, le démon de la guerre sont condamnés à des peines qui surpassent leurs crimes.

Berry, généreux en sa vie, plus grand dans sa mort, s'approche de Napoléon, et prenant ses mains victorieuses: —« Héros, dit-il, dont le courage défendit long-temps la cause des rois, reconnais le fanatisme, vois ses coups: le poignard a glissé sur toi pour arriver jusqu'à moi. » — Napoléon toucha la blessure qu'avait faite une main barbare. — Prince, dit l'empereur indigné, l'univers doit vous plaindre, mais vous étiez sur un écueil couvert de mon naufrage; j'espérais qu'un puissant génie garantirait votre vie du fer des assassins; je n'échappai moi-même que par miracle à une secte impie..... Je vous croyais entouré de ces amis éprouvés, de ces braves soldats que la victoire a conduits si long-temps sur mes pas; étrangers aux factions, invincibles à la guerre, ils auraient versé tout leur sang au pied de ce trône où vous étiez appelé...... Un faible rejetton sorti des ruines de votre dynastie, laisse aux Français malheureux une douce et frêle espérance; puisse-t-il apprendre, s'il a le malheur d'être roi, que la meilleure école des princes est celle de l'adversité!.....

Napoléon arriva enfin au temple de mémoire, suivi des hommes vertueux qu'il commandait sur la terre. Je pourrais décrire ce temple, ses ornemens, ses festons, ses murailles; mais n'abusons point de l'exemple des romanciers dont le lecteur se moque; fuyons le verbiage :

« Simple en était la noble architecture ;
» Chaque ornement à sa place arrêté,
» Y semblait mis par nécessité.
» L'art s'y cachait sous l'air de la nature.
» L'œil satisfait embrassait sa structure,
» Jamais surpris et toujours enchanté. »

Une foule de grands hommes, de héros, peuplaient son enceinte. Napoléon fut reçu au péristyle par Frédéric, Duguesclin, Bayard, Hoche, Masséna, Condé, Turenne, Kléber, Latour-d'Auvergne, Villars, Catinat, Luxembourg.

Introduit dans le sanctuaire, il vit les sages de toutes les nations : Orphée, Lycurgue, Solon, Titus, Marc-Aurèle, Cicéron, Julien, Phocion, Périclès, Aristide, Miltiade, et ce sublime Socrate qui avait mis dans son âme, l'héroïque fermeté des bons et des mauvais jours. Conduit par la Force et la vertu, il prit place entre ces immortels d'un torrent de plaisirs à jamais enivrés, n'entendit plus que les chants célestes et les concerts de l'empirée.

BAIL,

Inspecteur aux revues en réforme,
Chevalier de la Légion - d'Honneur.